1 MONTH OF
FREE
READING

at
www.ForgottenBooks.com

By purchasing this book you are eligible for one month membership to ForgottenBooks.com, giving you unlimited access to our entire collection of over 700,000 titles via our web site and mobile apps.

To claim your free month visit:
www.forgottenbooks.com/free914013

ISBN 978-0-266-94742-4
PIBN 10914013

RAPPORT

FAIT

A L'ASSEMBLÉE NATIONALE,

AU NOM DU COMITÉ MILITAIRE,

Relatif aux Invalides retirés à l'hôtel; aux Invalides retirés dans les départemens; aux Invalides formant les compagnies détachées; aux soldes, demi-soldes, récompenses militaires, & Vétérans; aux Gendarmes & Grenadiers à cheval reti- rés; aux Officiers à la suite des places; aux veuves & aux enfans des Invalides.

PAR M. LACUÉE, le jeune, Député du Département de Lot-&-Garonne;

IMPRIMÉ PAR ORDRE DE L'ASSEMBLÉE NATIONALE.

A PARIS,

DE L'IMPRIMERIE NATIONALE.

1791.

RAPPORT

FAIT

A L'ASSEMBLÉE NATIONALE,

AU NOM DU COMITÉ MILITAIRE,

Relatif aux Invalides retirés à l'hôtel ; aux Invalides retirés dans les départemens ; aux Invalides formant les compagnies détachées ; aux soldes , demi - soldes , récompenses militaires, & Vétérans ; aux Gendarmes et Grenadiers à cheval retirés ; aux Officiers à la suite des places ; aux veuves & aux enfans des Invalides.

PAR M. LACUÉE, le jeune, Député du Département
.f.᠎ ᴎᴐ ᴊᴏbᴐⱡ ᴢ de Lot & Garonne ;

IMPRIMÉ PAR ORDRE DE L'ASSEMBLÉE NATIONALE.

MESSIEURS,

VOTRE comité militaire qui, jusqu'à ce moment, a presque toujours été forcé de mettre, sous vos yeux, des tableaux faits pour affecter péniblement les amis de l'humanité, s'empresse de vous an

A

noncer qu'aujourd'hui plus heureux, il fixera vos regards fur des objets auxquels tous les cœurs fenfibles applaudiront : il va vous entretenir, en effet, meffieurs, non-feulément de la manière d'affurer un fort doux & un repos honorable aux citoyens qui confacreront leurs jours à la défenfe de la patrie, mais encore des moyens de réparer les erreurs & les injuftices, dont nos anciens adminiftrateurs fe font rendus coupables envers les claffes les plus eftimables de nos défenfeurs.

L'Affemblée-nationale-conftituante, convaincue qu'une nation ne peut, fans danger, fe montrer ingrate envers les citoyens qui fe font voués à fa défenfe, & qu'elle ne peut, fans injuftice, leur refufer des récompenfes proportionnées aux fervices qu'ils lui ont rendus, avoit commencé à établir entre les récompenfes & les fervices militaires cette proportion que la raifon & l'équité commandent, & à réparer les injuftices que le defpotifme avoit commifes : mais, par une fatalité bien fingulière, elle n'a point fait pour les foldats, les fous-officiers & les officiers fubalternes, tout ce qu'elle leur devoit, tout ce qu'ils avoient droit d'attendre. Loin de nous l'idée qu'elle ait, par infouciance, négligé de remplir ce devoir facré : nous favons tous que fi les ennemis de la conftitution ne l'euffent point retardée dans fa marche, par les obftacles qu'ils multiplioient fous fes pas, elle ne nous eût point abandonné le foin de mettre la dernière main à cette partie fi intéreffante de la tâche qu'elle avoit entreprife.

Animés des mêmes fentimens que le corps conftituant, fidèles à fes principes, mais ne voulant pas laiffer à d'autres la gloire de faire des heureux, en exerçant des actes de juftice, vous avez, dès les premiers jours de votre feffion, chargé votre comité militaire de vous préfenter, fans délai, les matériaux néceffaires à l'achèvement de l'édifice entrepris par les régénérateurs de cet empire : votre comité, jaloux, de feconder votre jufte impatience, s'eft livré, dès le moment de fa création, à ce travail important, & il me charge de vous en offrir aujourd'hui les réfultats.

Votre comité, convaincu que vous ne pouvez pas vouloir vous borner à améliorer le fort des invalides retirés à l'hôtel, puifqu'ils ne forment pas la dou-zième partie des mortes-paies de l'armée; & qu'ils ne font pas les plus maltraités des défenfeurs de l'Etat; convaincu encore qu'en traitant ifolément cette partie de l'adminiftration militaire, vous ne pourriez donner à votre travail cette unité, cet enfemble qui en rendront l'afpect plus impofant, la durée plus certaine, l'utilité plus grande, a cru devoir embraf-fer & vous préfenter en même-temps tout ce qui eft relatif aux militaires retirés du fervice. Il a efpéré, en agiffant ainfi, tirer entre l'armée active & l'armée non-active, cette ligne de démarcation que tous les bons efprits demandent, depuis fi long-temps, & qu'on n'a jamais voulu tracer, parce que la confu-fion eft la mère & la fauve-garde des abus.

Le tableau de votre armée non-active, vous éton-nera fans doute, meffieurs, & par fon immenfité & par la fingularité des contraftes qu'il préfente : par fon immenfité, car il eft compofé de 28,183 hommes qui coûtent à l'Etat 6,345,987 liv. fomme qui feule pourroit prefque fuffire à l'entretien d'une armée, telle que nous l'aurons quelques jours : par les contraftes qu'il préfente, car il eft des hommes qui ont 3,000 livres de retraite, tandis que d'autres ne jouiffent que de 40 livres de traitement, & un nombre immenfe qui n'ont obtenu, pour trente ans de travaux & de dangers qu'une penfion de 72 liv.

Voici, meffieurs, les détails de ce tableau :

Invalides qui étoient retirés à l'hôtel à l'époque du 28 mars 1791 ou qui jouissent du bénéfice de cette loi :

2,888 hommes ils coûtent 2,000,000 l.

Gendarmes retirés dans l'hospice militaire de Lunéville................. 12............ 23,000

Officiers invalides pensionnés, retirés dans les départemens............ 923.......... 224,170

Sous-officiers invalides pensionnés, retirés dans les départemens......... 3,016.......... 214,088

Soldats invalides, pensionnés................... 4,979........ 268,866

Compagnies d'invalides détachées................ 5,330..........1,789,439

Soldes, demi-soldes, récompenses militaires · · 9,300..........1,322,027

Militaires pensionnés, habitant dans le pays étranger.................. 502.......... 65,832

Suisses retirés dans leur patrie.................. 527.......... 162,410

Officiers retirés à la suite des places........... 224.......... 178,513

Gratifications annuelles à des officiers invalides.................... 23,266

Gendarmes pensionnés. 384.......... 54,221

Grenadiers à cheval pensionnés.............. 76.......... 18,253

Valets de Gendarmes pensionnés............... 22.......... 1,872

Ce qui fait · · · · · 28,183 hommes qui coûtent 6,345,987 l.

A ce grand nombre d'hommes & à cette fomme
fi confidérable, il faut joindre une quantité prodi-
gieufe d'officiers de tous les grades, dont le fort a été
particulièrement fixé par la loi du 3 août 1790, &
dont par conféquent vous n'avez plus à vous occuper.

A l'afpeĉt de ce tableau, l'idée qui fe feroit pré-
fentée la première aux agens d'un defpòte eût été
fans doute de laiffer les chofes fur l'ancien pied, car
cette idée eût favorifé leur indolence ; mais les re-
préfentans d'une nation qui fe régénère n'ont pu conce-
voir le projet de laiffer plus long-temps fans récompenfe & fans fecours un grand nombre de citoyens
qui ont donné tous leurs beaux jours à la patrie, &
ils ne confacreront point, par un aĉte émané de la
volonté générale, les monftrueufes inégalités que le
defpotifme avoit créées.

Dans des temps très-heureux, vous auriez pu
terminer d'une manière auffi prompte qu'agréa-
ble le long travail que vous avez à faire; car vous
auriez pu vous borner à décréter que le liqui-
dateur général vous préfenteroit le tableau des
penfions à accorder à chacun des individus de l'armée non aĉtive, en fe conformant à la loi du 3
août 1790. Mais le délabrement de nos finances ne
nous permet point de fortir, par cette voie, de ce
difficile labyrinthe ; nous ferions généreux envers
28,000 hommes, mais injuftes envers le refte de la
nation, car nous lui impoferions une charge qu'elle
ne doit, ni ne peut fupporter.

Un troifième moyen de terminer ce travail fe pré-
fentoit encore ; il confiftoit à ordonner que toutes
les mortes-paies feroient traitées fur le pied fixé par la
loi du 28 mars ; mais en adoptant cette manière,
nous ajouterions quatre millions à notre dé-

penfe annuelle ; nous nous priverions des fecours que nous pouvons tirer de 5,000 mortes-paies, encore en état de fervice, &, ce qui feroit une véritable injuftice, nous accorderions à plufieurs citoyens une récompenfe qu'ils n'auroient po nt méritée.

D'après ces réflexions, vous voyez, Meffieurs, qu'il ne reftoit à votre comité d'autre parti à prendre que d'éxaminer fucceffivement la manière d'améliorer le fort de chacune des claffes de nos mortes-paies ; & c'eft ce qu'il a fait, en ne perdant néanmoins jamais de vue & l'état de nos finances, & cette juftice diftributive qui veut qu'on n'accorde à chacun que ce qu'il a droit de prétendre.

§. PREMIER.

Des invalides retirés à l'hôtel.

Les invalides retirés à l'hôtel, ou penfionnés en vertu de la loi du 28 mars, étoient au nombre de 2,888, & coûtoient à peu près deux millions.

Dans le mois de mars 1791, les invalides retirés à l'hôtel fixèrent les regards du Corps conftituant ; il vit que ces citoyens qui ont de fi grands droits à la reconnoiffance publique, & pour lefquels l'état faifoit des dépenfes très-confidérables, fe plaignoient prefque tous de la manière dont ils étoient nourris, logés & fur-tout gouvernés ; il reconnut que l'hôtel inftitué pour eux étoit tellement dégénéré, qu'ils ne paroiffoient plus en faire qu'un léger acceffoire : frappé des abus qu'on lui dévoila, il fut fur le point de détruire cet établiffement ; mais, après de longs débats, il fe réfolut à le conferver, en fe propofant toutefois de le ramener, par une adminiftration nou-

velle , à fa primitive & véritable inftitution. Vain
efpoir ! les événemens à jamais célébres qui pré-
cédèrent & fuivirent l'époque du 21 juin, l'ont em-
pêché d'effectuer fes projets, car il ne nous a laiffé
que le décret du 28 mars qui n'eft, fi je puis m'exprimer ainfi , que le frontifpice du monument qu'il
fe propofoit d'élever.

Après avoir reconnu , comme le Corps conftituant,
que l'hôtel des invalides , ramené à fon inftitution primitive , & dégagé des abus monftrueux , dont le
defpotifme & une baffe cupidité l'avoient comblé , eft
digne de la Nation françaife , & même néceffaire à
fa gloire (1) , votre comité militaire a examiné fi
vous devez n'y admettre , aux termes de la loi du 28
mars, *que des hommes qui auront été eftropiés ou qui
auront atteint l'âge de caducité fous les armes* : il eft
réfulté de cet examen que ces premières difpofitions
de la loi font pleines de fageffe , & il vous propofera de les confacrer. Il n'en eft pas de même de la
dernière condition de ce premier article : elle veut
*qu'on ne puiffe recevoir aux invalides que des hommes
qui n'auront d'ailleurs aucun moyen de fubfifter.* Cette
condition ayant paru à votre comité , injufte , immorale,
impraticable , & faite d'ailleurs pour fervir de prétexte
à des actes répétés du pouvoir arbitraire , il vous en
demandera la radiation ; mais il vous propofera des

---

(1) Pour économifer les momens de l'Affemblée & abréger
le rapport, le comité militaire a penfé qu'on ne devoit inférer
ici , ni les raifons qui militent en faveur de l'hôtel des invalides,
ni le détail des abus que l'adminiftration de cet établiffement
préfente ; mais le rapporteur mettra l'un & l'autre de ces
objets, fous les yeux de l'Affemblée , fi elle croit devoir ouvrir la difcuffion fur la confervation de l'hôtel.

précautions qui préviendront les abus auxquels une trop grande latitude pourroit donner naissance.

Votre comité a cru devoir faire encore un autre amendement à cet article : ce changement consiste à permettre, aux invalides qui auront opté pour la pension, de rentrer à l'hôtel, & même d'en ressortir ensuite, s'ils en ont le desir. Cette grande liberté accordée aux invalides ne vous étonnera point, MM., vous savez que le vieillard aime, comme l'enfant, à changer de place, & qu'il croit, comme le malade, être mieux là où il n'est point; cette condescendance trouvera grace à vos yeux avec d'autant plus de facilité, que nous avons pris des précautions pour qu'elle ne devienne point à charge à l'Etat.

Votre comité vous auroit proposé d'ajouter à la quotité de chacune des pensions fixées par le décret du 28 mars, si la situation fâcheuse de nos finances ne le lui eût sévèrement interdit : avant d'être généreux, il faut être équitable. Nous vous demanderons cependant de porter à 240 livres, par an, la pension des soldats qui précédemment ne s'élevoit qu'à 227 livres. Cette augmentation, toute légère qu'elle est, sera sentie par ceux à qui elle est destinée; & sera applaudie par vos commettans, sur-tout lorsqu'ils sauront qu'elle ne coûte rien à l'Etat, & qu'elle est le fruit des abus que vous aurez détruits.

Votre comité auroit encore plus vivement desiré pouvoir vous proposer d'ouvrir la porte de l'hôtel ou des pensions à tous les militaires qui y ont des droits ou des prétentions; mais il a été arrêté par la plus puissante des raisons, par la crainte d'ajouter un nouveau poids à celui dont les François sont déja surchargés. Il vous proposera cependant d'augmenter le nombre des places ou des pensions d'environ un tiers, & il vous fournira le moyen d'ajouter chaque année

à ce nombre fans ajouter aux dépenfes de l'État.
Oui, Meſſieurs, ſi votre comité ne s'eſt point groſſiè-
rement trompé, l'hôtel des invalides ne coûtera,
ainſi qu'il coûtoit jadis, que la ſomme de deux
millions, & cependant les penſions des ſoldats auront
reçu un léger accroiſſement ; le nombre des places
& des penſions ſera conſidérablement augmenté, &
les militaires reſpeſtables qui auront fixé leur demeure
à l'hôtel ſe croiront tranſportés dans un autre aſyle
que celui qu'ils habitent.

N. B. Pour convaincre ceux qui pourroient craindre
que les deux millions affeſtés à l'hôtel ne ſuffiront
point au paiement des penſions & à l'entretien des
invalides qui y feront retirés, il ſuffira de la note
ſuivante.

Les penſions que paie aſtuellement l'hôtel, pour
1756 penſionnaires, coûtent . . . . . . 563,740 L.

Il lui en coûtera pour 244 penſions
d'augmentation 82,000

TOTAL . . . . 645,740 l.

Suppoſons que les deux mille places de l'hôtel
feront occupées, moitié par des ſoldats, moitié par
des hautes-payes, ce qui ne ſera jamais ; ſuppoſons
encore que la dépenſe, pour chaque individu, s'é-
levera auſſi haut qu'elle s'élève aujourd'hui, ce qui
ne ſera point :

Les 1,000 Soldats, à 400 l. .... 400,000 l.

Les 650 Sous-Offi-
ciers, à 430 279,500

Les 150 Maréchaux-
de-logis, à 450 67,500

Les 200 Lieutenans,
à 1,000 200,000

Les 60 Capitaines,
à 1,100 66,000

Les 30 Comman-
dans de Bataillons, à ... 1,300 39,000

Les 10 Lieutenans-
Colonels, à 1,400 14,000

                         1,064,000 l.

Les pensions 645,740

    TOTAL. ..... 1,709,740 l.

Il restera donc, en cavant tout au plus fort, ainsi
que je l'ai fait, 300,000 liv. au moins, pour l'ad-
ministration générale, ce qui sera plus que suffisant;
puisque l'on n'aura plus à payer ni les rentes viagères
dont l'hôtel étoit grevé; ni des étrennes aux gens des
ministres; ni des pensions pour services rendus qui
s'élevoient à 82,000 livres; ni un grand état-major
qui coûtoit 84,000 livres; ni une foule de gratifications extraordinaires, ou d'autres faux-frais qui ab-
sorboient une somme énorme.

§. II.

De l'adminiftration de l'hôtel.

Comme tous les abus dont les invalides retirés à l'hôtel étoient les victimes, avoient pris leur fource dans la manière dont cet établiffement étoit adminiftré, & comme il eft extrémement difficile d'empêcher qu'il ne fe gliffe de grands vices dans toute grande adminiftration, c'eft à cet objet que votre comité à donné le plus de foins, & qu'il vous propofera de faire éprouver les plus grands changemens. Bannir de l'adminiftration de l'hôtel, toute efpèce de dilapidation & de gafpillage ; de fon gouvernement, toute efpèce de defpotifme ; de fon régime, ces formes févères & ces petites règles que l'efprit monacal & militaire y avoit introduites : tel a été le but que votre comité s'eft propofé d'atteindre. Pour y parvenir, il a cru devoir transformer l'hôtel des invalides en une petite cité qui aura fon corps municipal, fon confeil-général de la commune, fon tribunal de conciliation & de paix; il a cru encore que tous les officiers de ce peuple militaire, qui doivent adminiftrer pour lui, doivent être immédiatement choifis par lui : en tranfportant ainfi dans l'hôtel des invalides toutes nos formes conftitutionnelles., votre comité a fatisfait au vœu formel des invalides, & il a éfpéré rendre à ces hommes vénérables une famille, une patrie & tous les fentimens affectueux que ces objets infpirent.

Votre comité n'ayant pu fe diffimuler, que fi les invalides étoient conftamment abandonnés à leurs propres moyens, il feroit à craindre qu'ils ne com-

miſſent ſouvent dans leur adminiſtration des erreurs
qui deviendroient, préjudiciables à leur bonheur, &
à l'État, il a été forcé de leur donner des ſurveillans ;
mais conſtant dans ſon plan général, votre comité
es ſurveillans immédiats parmi les
ouvoir exécutif ; c'eſt parmi les
qu'il les a pris, & vous prévoyez
municipalité de la capitale, remplira
cité nouvelle le rôle de l'adminiſtra-
de diſtrict, tandis que le directoire du département de Paris y jouera celui qui lui eſt propre. Comme
le pouvoir exécutif doit tout voir, tout ſurveiller, il
aura auſſi auprès de cet établiſſement un commiſſaire
nommé par lui ; ce commiſſaire aura toute l'autorité
néceſſaire pour opérer le bien en faiſant obſerver les
lois ; mais il ſera dans l'heureuſe impuiſſance de faire
le mal, parce qu'il ne pourra jamais ordonner, & par
conſéquent, uſer d'un pouvoir arbitraire.

Je ne m'arrêterai pas, Meſſieurs, à vous montrer
en détail les avantages de cette nouvelle forme d'adminiſtration ; vous les avez, j'en ſuis certain, déjà tous
découverts. S'il vous reſte néanmoins quelques doutes,
ils diſparoîtront, j'oſe l'eſpérer, à la lecture du projet
de décret que je dois vous ſoumettre ; vous y recon-
noîtrez économie pour l'Etat, extirpation des abus,
perfectibilité des moyens, intérêt & bonheur des
adminiſtrés.

§. III.

Des compagnies détachées.

Les invalides formant les compagnies détachées ſont au

nombre de 5,331 ; ils coûtent actuellement plus d'un million sept cent mille livres.

Après avoir assuré une existence heureuse aux militaires retirés à l'hôtel des invalides, votre comité s'est occupé de ceux qui après avoir obtenu l'agrément d'être admis dans cet asyle, ont consenti à être dispersés dans des corps militaires, connus aujourd'hui sous le nom de *compagnies détachées*. Votre comité n'a pas besoin de se perdre dans les détails pour vous inspirer un grand intérêt en faveur de cette classe de nos concitoyens ; il lui suffira de vous dire que ces hommes respectables auroient pu consumer dans l'inutilité les jours qui leur restoient à vivre ; mais qu'ils ont demandé, se sentant encore un peu de vigueur & de force, d'être transportés sur les frontières pour avoir l'occasion de donner de nouvelles preuves de leur courage, & de verser, en servant l'État, le reste de sang qui couloit dans leurs veines. Ces militaires sont au nombre d'environ 5,000 dont 352 officiers ; ils coûtent environ 17,000,000 liv., ils sont divisés en 89 compagnies & trois détachémens, savoir : seize compagnies de sous-officiers de toutes les armes ; huit de canonniers, & soixante-cinq de fusiliers.

Votre comité a trouvé dans les cartons de l'Assemblée constituante un très-grand nombre de pétitions présentées par les compagnies détachées ; & vous-mêmes, Messieurs, vous lui en avez renvoyé une quantité assez considérable. Quelques-uns de ces pétitionnaires prétendent que vous devez licencier les compagnies détachées, & en traiter les membres comme les Invalides retirés à l'hôtel. D'autres disent qu'ils font un service aussi pénible que celui des troupes de ligne, & qu'ils ont un traitement moins favorable ; d'autres, enfin, qu'ils sont toujours placés dans des garnisons peu agréables, dans des châteaux

iſolés ſur de hautes montagnes, dans des endroits
déſerts ; tandis que leur âge & leurs infirmités exige-
roient un air doux, des ſoins nombreux & les ſe-
cours que les villes préſentent.

Votre comité, bien convaincu que votre intention
n'eſt point de fermer votre cœur à la voix de ces
citoyens reſpectables, a cherché à allier ce que vous
leur devez de reconnoiſſance avec ce que l'intérêt
de l'état & la ſituation pénible de nos finances exige
impérieuſement de vous : il a examiné, en conſé-
quence, ſi vous pouvez, ſi vous devez licencier
les compagnies d'invalides détachées : un court examen lui a prouvé que vous en devez conſerver un
certain nombre : voici les motifs qui l'ont déterminé.

L'Aſſemblée nationale conſtituante ayant décrété
le 3 août 1790, qu'il ne ſera accordé à l'avenir des
récompenſes pécuniaires qu'à des militaires qui auront
30 ans de ſervice & 50 ans d'âge ; à moins de bleſ-
ſures conſidérables reçues à la guerre; le Corps conſ-
tituant ayant décrété encore qu'on ne ſera admis à
l'hôtel des invalides que lorſqu'on ſera mutilé, où
qu'on aura atteint l'âge de caducité ; il eſt certain
que ſi vous ne formiez pas un établiſſement inter-
médiaire, vous ſeriez forcés ou de laiſſer votre armée
ſurchargée d'hommes foibles & valétudinaires, ou d'être
cruellement injuſtes envers ces mêmes hommes, ou
enfin, ce qui ſeroit un mal tout auſſi grand, de violer
la loi relative à l'admiſſion à l'hôtel. Comme votre
comité a été convaincu que votre intention ne peut
être ni de paralyſer votre armée, ni de condamner un
citoyen à la dernière indigence, parce que la foibleſſe
de ſon tempérament ou des accidens particuliers, ne
lui permettent point de reſter dans la carrière active
juſqu'à ce qu'il l'ait parcourue; ni, enfin, d'admettre
à l'hôtel des hommes qui en banniroient ceux qui

ont des droits inconteftables à y être admis, il vous
propofera de former des compagnies détachées dans
lefquelles les militaires foibles ou valétudinaires con-
ferveront leur activité & l'efpérance d'arriver, par des
chemins plus doux, aux récompenfes qu'ils avoient
entrevues en entrant au fervice; mais il vous foumet-
tra, en même temps, des mefures qu'il a jugées in-
difpenfables pour qu'il n'y foit jamais admis que des
hommes réellement faits pour y avoir entrée.

Décidé fur cet objet important, votre comité s'eft
occupé de l'emploi, du traitement, & de tous les
autres détails relatifs à ces compagnies.

Il a cru qu'il eft de votre juftice d'accorder aux
invalides une paie égale à celle du refte de l'infantérie,
parce qu'ils ont déja rendu de longs fervices à la patrie; parce qu'ils ont atteint un âge avancé; & parce
qu'ils font tous dans un état d'infirmité ou de foi-
bleffe réelle: il a imaginé encore d'améliorer leur fort
en leur deftinant pour garnifon les villes chefs-lieux
de département. Il a penfé qu'une compagnie com-
pofée de 50 vieux foldats feroit une force publique,
qui auroit rarement befoin d'ufer de fes armes, parce
qu'elle en impoferoit par fon âge & fes vertus: que
la loi, lorfqu'ils lui ferviroient de force, acquerroit, fi
l'on peut s'exprimer ainfi, un nouveau caractère de
grandeur: il a penfé que cette compagnie feroit, dans
les momens de trouble, un noyau autour duquel tous
les bons citoyens viendroient fe rallier: il a penfé que
ces militaires refpectables feroient bien propres à entretenir l'ardeur militaire parmi nos gardes nationales, &
qu'ils deviendroient pour eux d'excellens inftituteurs
militaires: le comité a vu enfin qu'un grand nombre
d'invalides, après s'être adonnés de nouveau au mé-
tier que dans leur jeuneffe ils avoient appris pour vivre,

donneroient peut-être à l'état de nouveaux citoyens, de nouveaux défenfeurs.

Comme les compagnies de Vétérans feront encore partie de la force publique, votre Comité a cru devoir les laiffer fous la direction du Miniftre de la guerre ; mais il n'en a pas moins tracé les grands linéamens de leur adminiftration, afin de les mettre à l'abri de certaines formes militaires, trop auftères pour eux, mais auxquelles l'armée en grande activité doit être néceffairement foumife.

Votre Comité vous propofera en conféquence de décréter que *les Vétérans de l'armée*, car c'eft le nom qu'il a penfé que vous deviez donner aux compagnies d'Invalides détachées, feront compofées de 5000 Officiers, fous-Officiers ou Soldats, & divifés en 100 compagnies de 50 hommes chacune; qu'elles formeront deux claffes : favoir ; 12 compagnies de canonniers, & 88 compagnies de fufiliers ; & que les Officiers, fous-Officiers & les Soldats de ces compagnies jouiront d'une paie égale à celle des troupes de ligne.

Parmi les compagnies d'Invalides actuellement fur pied, il en eft plufieurs employées à la garde des maifons royales, & au fervice des frères du Roi. Ces compagnies reçoivent indépendamment de leur folde une gratification annuelle équivalente à leurs appointemens. Pour fixer le fort de ces compagnies, il faut faire deux fuppofitions ; la première, le Roi jugera-t-il que ces compagnies font néceffaires à la garde de fes maifons ? la feconde, croira-t-il qu'elles lui font inutiles ? dans la première hypothèfe, vous penferez fans doute, que ne faifant plus un fervice national, ces compagnies ne doivent plus être payées par le Tréfor public ; &, dans la feconde, que ces compagnies étant déformais inutiles, doivent être refondues

ou

ou réformées. Ainfi, avant de prononcer fur ces compagnies, vous devez inviter le Roi à vous faire con-
noître fon opinion : cette opinion connue, le fort
de ces compagnies fera bientôt définitivement fixé.

---

§. IV.

Des invalides retirés dans les départemens.

Ces Invalides font au nombre de 8,918 ; favoir, 923
Officiers qui ont 224,170 livres de penfion ; 3,016 fous-
Officiers qui ont 214,088 livres de penfion ; & 4,979
Soldats qui ont 268,866 livres de penfion.

Au moment où votre Comité militaire a jeté les
yeux fur les Invalides retirés dans les Départemens,
il été affects de la manière la plus douloureufe : car
il a vu que 4,979 hommes qui ont tous, ou prefque
tous, fervi trente ans la Patrie en qualité de Soldats,
n'ont obtenu chacun que 54 livres de penfion via-
gère ; & que 2,313 qui l'ont fervie en qualité de
fous-Officiers, n'ont retiré non plus, pour tout fruit
de leurs fervices, que 72 livres de penfion. Eft-il
quelqu'un parmi nous qui ofât renvoyer avec ce
modique falaire un citoyen qui l'auroit fervi fi long-
temps, & qui auroit auffi fouvent expofé fa vie pour

Rap. fait par M. Lacuée fur les Invalides, &c.   B

lui ? Améliorer le sort des Invalides, retirés dans les Départemens, telle a été, vous le jugez bien, Messieurs, l'opinion unanime de votre Comité. Leur rouvrir avec prudence les portes de l'Hôtel & des pensions destinées à les récompenser, a été le premier parti proposé & adopté : leur rouvrir aussi, avec des précautions, la porte des compagnies détachées, a été le second avis ouvert, & il été de même adopté. C'étoit beaucoup sans doute, mais ce n'étoit pas assez ; votre Comité l'a senti ; & il a cherché les moyens de pourvoir à une amélioration plus considérable. Il a cru l'appercevoir dans la formation d'une espèce de tontine, dont le fonds annuel sera égal à la solde payée par l'Etat en 1790, & qui sera divisé chaque année entre les survivans. Au moyen de cette tontine, les Invalides verront, chaque année, leur sort s'améliorer d'une manière sensible ; ils le verront même atteindre avec promptitude celui qu'ils ambitionnent, je veux dire le traitement de l'hôtel ; & cependant les dépenses de l'État n'éprouveront aucune augmentation. Votre comité ayant reconnu, après de mûres réflexions, que ce moyen est le seul qui puisse concilier en même temps ce que vous devez aux Invalides retirés, & à la situation du reste de vos concitoyens, il vous le propose avec quelque confiance ; il vous priera même d'en faire l'application au reste des mortes-payes de l'armée, en lui faisant éprouver, cependant, les petits amendemens qu'exige la position différente des diverses classes de militaires pensionnés.

S'il s'élevoit des hommes qui osassent vous dire que vous ne devez rien aux Invalides, retirés dans les départemens ; qu'ils ont volontairement abandonné l'hôtel ; qu'ils savoient, avant d'en sortir, quel traitement leur étoit réservé ; & qu'ainsi ils ont tort de. faire entendre des réclamations , je répondrois à ces hommes endurcis par de vieux préjugés : La Nation françoile , en se régénérant, a promis d'acquitter toutes les dettes que le despotisme avoit faites ; & celle-là est, sans doute, des plus sacrées : je leur dirois : Le Corps constituant a bien réparé les injustices que les officiers penfionnés avoient éprouvées ; je leur demanderois , enfin , si un contrat que figne un esclave, pour échapper à la tyrannie , est obligatoire pour lui ; ou , mieux encore , si un tuteur sage doit ratifier les engagemens que le pupille a pris , lorsque ces engagemens n'ont été , ni libres , ni calculés. On nous dira peut-être aussi que tous les hommes , qui portent le titre glorieux d'Invalides , ne l'ont point tous mérité, & que cet habit respectable couvre , & des valets de nos ci-devant grands, & des espions de police. Je ne nierai point ces faits ; mais je répondrai à cette objection, comme y avoit répondu le rapporteur du comité militaire du Corps consti-tuant : Le mot *invalide* est le complément de tous les sentimens de respect & de commisération. J'ajouterai : si vous vouliez en venir à faire des distinctions, vous feriez obligés de perdre un temps énorme , & d'em-ployer de bien grands moyens pour obtenir de bien petits résultats.

On me demandera peut-être aussi si la tontine que nous vous proposons sera indéterminée ; à cette demande , nous nous hâterons de répondre d'une manière néga-tive. Il seroit, en effet, presque ridicule de laisser à un homme qui ne jouit aujourd'hui que de 54 livres de traitement, l'espoir de jouir de 600,000 livres de revenu : il seroit d'ailleurs abusif de priver l'état pendant long-tems d'une somme si considérable : aussi votre comité n'a-t-il pas laissé une latitude indéfinie à l'espoir des Invalides ; il l'a borné au traitement accordé par la loi du 28 mars aux Invalides retirés à l'hôtel : ainſi l'état commencera à bénéficier du moment où ils auront tous atteint ce *maximum*. Comme le point d'où votre comité eſt parti pour ſes calculs eſt l'époque du premier janvier 1791 ; comme dans le cours d'un an, le tems aura moiſſonné pluſieurs Invalides penſionnés ; comme il en ſera entré un nombre conſidérable, ou dans les compagnies de vétérans ou à l'hôtel ; ceux qui reſteront dans les départemens , jouiront , dès le commencement de l'année 1792 , d'une augmentation de ſolde aſſez ſenſible pour exciter leur reconnoiſſance ; l'eſpoir qui luira à leurs yeux , ajoutera à leur gratitude ; & enfin la manière dont leur penſion leur ſera payée , vous aſſurera des droits impreſcriptibles à leurs ſentimens affectueux.

––––––––––––––––––

§. V.

Des ſoldes , des demi-ſoldes , des récompenſes militaires, & des vétérans.

Ces militaires ſont au nombre de 93000 ; ils coûtent 1,322,027 livres 10 ſols.

Vous pourriez , Meſſieurs , ſans donner lieu à une ſeule réclamation fondée , ne point chercher à améliorer le ſort des ſoldes , des demi-ſoldes , des récompenſes militaires & des vétérans ; ils ont tous accepté librement le traitement dont ils jouiſſent ; ils n'ont aucune prétention légitime à former ſur l'hôtel : mais votre comité n'en a pas moins cru devoir leur ouvrir, avec réserve, il eft vrai, la porte des compagnies de vétérans ainfi que celle de l'hôtel, & créer pour eux une tontine à laquelle, ceux qui jouiffent d'un traitement fupérieur, ne participeront que lorfque le fort des claffes inférieures aura été amélioré. En agiffant ainfi, les charges de l'état ne feront point accrues, & cependant vous adoucirez la fituation d'un grand nombre, de militaires, qui n'ont obtenu que 40 ou 50 livres pour fruit de leurs fervices.

---

§. V I.

Des grenadiers à cheval, des gendarmes, & de leurs valets.

Les grenadiers à cheval font au nombre de 76 ; ils jouiffent de 18,253 livres 19 fols.

Les gendarmes font au nombre de 384 ; ils jouiffent de 54,221 livres 13 fols 4 deniers.

Les valets de gendarmes font au nombre de 22 ; ils jouiffent de 1872 livres de penfion.

Les grenadiers à cheval & les gendarmes qui avoient obtenu leur retraite, ont auffi fixé les regards de votre comité. Ayant vu que parmi les premiers il y a des hommes qui ne jouiffent que de 108 liv. de penfion, & qu'il en eft parmi les feconds qui ne jouiffent que de 78 livres ; qu'il eft des valets de gendarmes, qui n'ont que 36 livres de retraite, il a cru devoir vous propofer d'appliquer encore à ces trois claffes de militaires retirés, l'efpèce de tontine dont je vous ai parlé plus haut ; en faisant toutefois subir à cette inftitution les modifications que la différence des services préfente.

_____

§. V. I L. I S T

Des officiers retirés à la fuite des places.

Ces officiers font au nombre de 224 ; ils ont 178,523 livres de penfion.

_____

Parmi les mortes-payes, votre comité a cru devoir claffer auffi les officiers retirés avec des penfions à la fuite des places. Ces militaires ne font, en effet, que des officiers retirés, mais à qui le defpotifme, fe méfiant lui-même de fa loyauté, a voulu affurer un trai tement conftant, en les laiffant attachés à l'armée active. Votre comité, bien convaincu que de pareilles craintes doivent difparoître aujourd'hui, & ne peuvent plus renaître, a penfé qu'il étoit de fon devoir de s'occuper de cette claffe d'anciens militaires, prefque tous étrangers & maltraités par la fortune ; & cela, afin d'améliorer leur fort & d'achever de tirer la ligne de démarcation qui doit exifter entre l'armée active & l'armée non-active.

Les officiers retirés à la fuite des places, font au nombre de 224 ; on trouve parmi eux tous les grades d'officiers depuis le maréchal-de-camp jufqu'au porte-drapeau ; on y trouve même des infirmiers, des guides & des caporaux de guides ; ils jouiffent de 178,000 livres de penfions. Si cette fomme étoit divifée en parties égales , chaçun d'eux jouiroit d'environ 600 ſiv. de retraite, & tous auroient par conféquent à-peu-près de quoi vivre : mais comme il en eſt qui n'ont que 200 liv. de penſion ; comme il en eſt même qui n'en ont que 180 ; comme les infirmiers jouiſſent encore d'un traitement beaucoup plus foible , votre comité a préſumé que vous voudriez ajouter à ceux de ces traitemens qui font manifeſtement inſuffiſans , & il a fait pour y parvenir une nouvelle application de la tontine militaire.

---

§. V I I I.

Des militaires penſionnés , retirés en pays étrangers.

Ces militaires font au nombre de 1,029 , & coûtent 228,242 livres de penſion.

Les militaires étrangers qui après avoir conſacré leurs jours à la défenſe de nos foyers, ſe font retirés dans les leurs pour y jouir du fruit de leurs travaux, n'ont point échappé aux regards de votre comité : ils font au nombre de 1,029, & jouiſſent de 228,242 l. de penſion. Ces militaires ayant été traités conformément aux anciennes capitulations avec la nation helvétique ou aux anciennes lois militaires , n'ont aucune juſte réclamation à faire ; mais comme ici une exacte juſtice touche preſque à l'injuſtice, votre comité vous propoſera d'améliorer le fort de ceux d'entre ces étrangers , qui rentreront en France pour y finir leurs jours. Il a penſé qu'en mettant cette condition à vos bienfaits vous feriez un acte de légiſlation conforme aux vrais principes de l'économie politique.

§. I X.

Des veues & des enfans d'Invalides.

Les veuves & les enfans des Invalides font les der-
niers objets qui ont fixé l'attention de votre comité ;
il a penfé que vous le verriez avec plaifir vous
préfenter le moyen d'améliorer le fort de ces deux
claffes de nos concitoyens qui, par leurs infortunes,
ont des droits à la commifération publique, & qui
par les vertus & les travaux de leurs époux ou de
leurs pères ont acquis des titres à la reconnoiffance
de la patrie. Oui, Meffieurs, en attendant le moment
où votre comité militaire vous préfentera, comme le
comité de marine a préfenté au corps conftituant,
le moyen d'affurer le fort de toutes les veuves & de
tous les enfans des fous-officiers & des foldats, nous
avons cru devoir fixer provifoirement celui des veuves
& des enfans des mortes-payes. Conftans dans nos
principes, nous avons obéi à la voix d'une
fage économie, en évitant de grever dans ce
moment l'État par de nouvelles charges; mais la
perfpective que nous avons montrée, prouvera la bonté
de nos intentions & allègera les peines que nous n'aurons
pu calmer. L'efpérance, vous le favez, Meffieurs, eft
la fource des jouiffances les plus douces, & le calmant
le plus fûr de tous les maux & de toutes les infortunes.

Telles font, Meffieurs, les vues générales qui ont
guidé votre comité dans le projet de décret que je
fuis chargé de vous préfenter ; il a efpéré que vous
approuveriez le deffein qu'il a conçu d'établir un ordre régulier dans l'armée, en féparant d'une manière

invariable là force active d'avec les mortes-payes;
l'idée qu'il a eue de mettre de l'ordre dans nos
finances, en diftinguant avec foin tout ce qui tient à
l'ancien régime, d'avec ce qui appartient au nouveau;
le defir qu'il a montré d'améliorer le fort de tous
ceux de nos anciens défenfeurs, qui avoient à fe
plaindre des injuftices des miniftres, & enfin fon attention à ne pas ajouter aux charges que la nation
fupporte.

Je ne terminerai pas, Meffieurs, un rapport qui a
la juftice rigoureufe pour principal objet, fàns payer
à M. le rapporteur du comité militaire de l'Affemblée
nationale-conftituante le jufte tribut que je lui dois.
C'eft à lui qu'appartiennent la plupart des idées que je
viens de vous préfenter : heureux fi, en tirant quelques conféquences des grands principes qu'il avoit
pofés, je ne les ai pas affez défigurés pour leur en-
lever cette évidence qui m'a frappé, & qui auroit
entraîné fans doute les fuffrages du Corps conftituant,
comme elle avoit obtenu l'affentiment de fon comité
militaire.